THIS DAY BELONGS TO YOU.

TAKE SOME TIME FOR YOURSELF TO TREASURE
ITS MOMENTS.

USE THIS JOURNAL TO WRITE DOWN THREE
THINGS YOU'RE GRATEFUL FOR EACH DAY.

SEND THANK YOU NOTES TO YOUR LOVED ONES.

CREATE A BEAUTIFUL KEEPSAKE TO INSPIRE
YOU FOR YEARS TO COME.

TODAY I AM
GRATEFUL
FOR

ONE

TWO

THREE

TODAY I AM
GRATEFUL
FOR

ONE

TWO

THREE

TODAY I AM
GRATEFUL
FOR

ONE

TWO

THREE

TODAY I AM
GRATEFUL
FOR

ONE

TWO

THREE

TODAY I AM
GRATEFUL
FOR

ONE

TWO

THREE

TODAY I AM
GRATEFUL
FOR

ONE

TWO

THREE

TODAY I AM
GRATEFUL
FOR

ONE

TWO

THREE

DATE   /   /

TODAY I AM
GRATEFUL
FOR

ONE

TWO

THREE

TODAY I AM
GRATEFUL
FOR

ONE

TWO

THREE

TODAY I AM
GRATEFUL
FOR

ONE

TWO

THREE

TODAY I AM
GRATEFUL
FOR

ONE

TWO

THREE

TODAY I AM
GRATEFUL
FOR

ONE

TWO

THREE

TODAY I AM
GRATEFUL
FOR

ONE

TWO

THREE

DATE   /   /

TODAY I AM
GRATEFUL
FOR

ONE

TWO

THREE

TODAY I AM
GRATEFUL
FOR

ONE

TWO

THREE

TODAY I AM
GRATEFUL
FOR

ONE

TWO

THREE

TODAY I AM
GRATEFUL
FOR

ONE

TWO

THREE

DATE   / /

TODAY I AM
GRATEFUL
FOR

ONE

TWO

THREE

TODAY I AM
GRATEFUL
FOR

ONE

TWO

THREE

TODAY I AM
GRATEFUL
FOR

ONE

TWO

THREE

TODAY I AM
GRATEFUL
FOR

ONE

TWO

THREE

TODAY I AM
GRATEFUL
FOR

ONE

TWO

THREE

TODAY I AM
GRATEFUL
FOR

ONE

TWO

THREE

TODAY I AM
GRATEFUL
FOR

ONE

TWO

THREE

TODAY I AM
GRATEFUL
FOR

ONE

TWO

THREE

TODAY I AM
GRATEFUL
FOR

ONE

TWO

THREE

TODAY I AM
GRATEFUL
FOR

ONE

TWO

THREE

TODAY I AM
GRATEFUL
FOR

ONE

TWO

THREE

TODAY I AM
GRATEFUL
FOR

ONE

TWO

THREE

TODAY I AM
GRATEFUL
FOR

ONE

TWO

THREE

TODAY I AM
GRATEFUL
FOR

ONE

TWO

THREE

DATE   /   /

TODAY I AM
GRATEFUL
FOR

ONE

TWO

THREE

TODAY I AM
GRATEFUL
FOR

ONE

TWO

THREE

TODAY I AM
GRATEFUL
FOR

ONE

TWO

THREE

TODAY I AM
GRATEFUL
FOR

ONE

TWO

THREE

DATE   /   /

TODAY I AM
GRATEFUL
FOR

ONE

TWO

THREE

TODAY I AM
GRATEFUL
FOR

ONE

TWO

THREE

TODAY I AM
GRATEFUL
FOR

ONE

TWO

THREE

DATE   /   /

TODAY I AM
GRATEFUL
FOR

ONE

TWO

THREE

TODAY I AM
GRATEFUL
FOR

ONE

TWO

THREE

TODAY I AM
GRATEFUL
FOR

ONE

TWO

THREE

TODAY I AM
GRATEFUL
FOR

ONE

TWO

THREE

DATE / /

TODAY I AM
GRATEFUL
FOR

ONE

TWO

THREE

TODAY I AM
GRATEFUL
FOR

ONE

TWO

THREE

DATE   /   /

TODAY I AM
GRATEFUL
FOR

ONE

TWO

THREE

TODAY I AM
GRATEFUL
FOR

ONE

TWO

THREE

TODAY I AM
GRATEFUL
FOR

ONE

TWO

THREE

TODAY I AM
GRATEFUL
FOR

ONE

TWO

THREE

DATE   /   /

TODAY I AM
GRATEFUL
FOR

ONE

TWO

THREE

DATE / /

TODAY I AM
GRATEFUL
FOR

ONE

TWO

THREE

TODAY I AM
GRATEFUL
FOR

ONE

TWO

THREE

TODAY I AM
GRATEFUL
FOR

ONE

TWO

THREE

TODAY I AM
GRATEFUL
FOR

ONE

TWO

THREE

TODAY I AM
GRATEFUL
FOR

ONE

TWO

THREE

TODAY I AM
GRATEFUL
FOR

ONE

TWO

THREE

TODAY I AM
GRATEFUL
FOR

ONE

TWO

THREE

TODAY I AM
GRATEFUL
FOR

ONE

TWO

THREE

TODAY I AM
GRATEFUL
FOR

ONE

TWO

THREE

TODAY I AM
GRATEFUL
FOR

ONE

TWO

THREE

DATE   /   /

TODAY I AM
GRATEFUL
FOR

ONE

TWO

THREE

TODAY I AM
GRATEFUL
FOR

ONE

TWO

THREE

TODAY I AM
GRATEFUL
FOR

ONE

TWO

THREE

TODAY I AM
GRATEFUL
FOR

ONE

TWO

THREE

TODAY I AM
GRATEFUL
FOR

ONE

TWO

THREE

TODAY I AM
GRATEFUL
FOR

ONE

TWO

THREE

TODAY I AM
GRATEFUL
FOR

ONE

TWO

THREE

TODAY I AM
GRATEFUL
FOR

ONE

TWO

THREE

TODAY I AM
GRATEFUL
FOR

ONE

TWO

THREE

TODAY I AM
GRATEFUL
FOR

ONE

TWO

THREE

TODAY I AM
GRATEFUL
FOR

ONE

TWO

THREE

TODAY I AM
GRATEFUL
FOR

ONE

TWO

THREE

TODAY I AM
GRATEFUL
FOR

ONE

TWO

THREE

TODAY I AM
GRATEFUL
FOR

ONE

TWO

THREE

TODAY I AM
GRATEFUL
FOR

ONE

TWO

THREE

TODAY I AM
GRATEFUL
FOR

ONE

TWO

THREE

TODAY I AM
GRATEFUL
FOR

ONE

TWO

THREE

TODAY I AM
GRATEFUL
FOR

ONE

TWO

THREE

TODAY I AM
GRATEFUL
FOR

ONE

TWO

THREE

TODAY I AM
GRATEFUL
FOR

ONE

TWO

THREE

TODAY I AM
GRATEFUL
FOR

ONE

TWO

THREE

TODAY I AM
GRATEFUL
FOR

ONE

TWO

THREE

TODAY I AM
GRATEFUL
FOR

ONE

TWO

THREE

TODAY I AM
GRATEFUL
FOR

ONE

TWO

THREE

TODAY I AM
GRATEFUL
FOR

ONE

TWO

THREE

TODAY I AM
GRATEFUL
FOR

ONE

TWO

THREE

DATE   /   /

TODAY I AM
GRATEFUL
FOR

ONE

TWO

THREE

TODAY I AM
GRATEFUL
FOR

ONE

TWO

THREE

TODAY I AM
GRATEFUL
FOR

ONE

TWO

THREE

TODAY I AM
GRATEFUL
FOR

ONE

TWO

THREE

DATE / /

TODAY I AM
GRATEFUL
FOR

ONE

TWO

THREE

TODAY I AM
GRATEFUL
FOR

ONE

TWO

THREE

TODAY I AM
GRATEFUL
FOR

ONE

TWO

THREE

TODAY I AM
GRATEFUL
FOR

ONE

TWO

THREE

TODAY I AM
GRATEFUL
FOR

ONE

TWO

THREE

TODAY I AM
GRATEFUL
FOR

ONE

TWO

THREE

TODAY I AM
GRATEFUL
FOR

ONE

TWO

THREE

TODAY I AM
GRATEFUL
FOR

ONE

TWO

THREE

TODAY I AM
GRATEFUL
FOR

ONE

TWO

THREE

TODAY I AM
GRATEFUL
FOR

ONE

TWO

THREE

TODAY I AM
GRATEFUL
FOR

ONE

TWO

THREE

DATE   /   /

TODAY I AM
GRATEFUL
FOR

ONE

TWO

THREE

DATE   /   /

TODAY I AM
GRATEFUL
FOR

ONE

TWO

THREE

TODAY I AM
GRATEFUL
FOR

ONE

TWO

THREE

TODAY I AM
GRATEFUL
FOR

ONE

TWO

THREE

TODAY I AM
GRATEFUL
FOR

ONE

TWO

THREE

TODAY I AM
GRATEFUL
FOR

ONE

TWO

THREE

TODAY I AM
GRATEFUL
FOR

ONE

TWO

THREE

TODAY I AM
GRATEFUL
FOR

ONE

TWO

THREE

TODAY I AM
GRATEFUL
FOR

ONE

TWO

THREE

TODAY I AM
GRATEFUL
FOR

ONE

TWO

THREE

TODAY I AM
GRATEFUL
FOR

ONE

TWO

THREE

TODAY I AM
GRATEFUL
FOR

ONE

TWO

THREE

TODAY I AM
GRATEFUL
FOR

ONE

TWO

THREE

TODAY I AM
GRATEFUL
FOR

ONE

TWO

THREE

TODAY I AM
GRATEFUL
FOR

ONE

TWO

THREE

TODAY I AM
GRATEFUL
FOR

ONE

TWO

THREE

DATE   /   /

TODAY I AM
GRATEFUL
FOR

ONE

TWO

THREE

TODAY I AM
GRATEFUL
FOR

ONE

TWO

THREE

TODAY I AM
GRATEFUL
FOR

ONE

TWO

THREE

TODAY I AM
GRATEFUL
FOR

ONE

TWO

THREE

TODAY I AM
GRATEFUL
FOR

ONE

TWO

THREE

TODAY I AM
GRATEFUL
FOR

ONE

TWO

THREE

TODAY I AM
GRATEFUL
FOR

ONE

TWO

THREE

TODAY I AM
GRATEFUL
FOR

ONE

TWO

THREE

DATE   /   /

TODAY I AM
GRATEFUL
FOR

ONE

TWO

THREE

TODAY I AM
GRATEFUL
FOR

ONE

TWO

THREE

TODAY I AM
GRATEFUL
FOR

ONE

TWO

THREE

DATE   /   /

TODAY I AM
GRATEFUL
FOR

ONE

TWO

THREE

TODAY I AM
GRATEFUL
FOR

ONE

TWO

THREE

TODAY I AM
GRATEFUL
FOR

ONE

TWO

THREE

TODAY I AM
GRATEFUL
FOR

ONE

TWO

THREE

TODAY I AM
GRATEFUL
FOR

ONE

TWO

THREE

DATE   /   /

TODAY I AM
GRATEFUL
FOR

ONE

TWO

THREE

TODAY I AM
GRATEFUL
FOR

ONE

TWO

THREE

TODAY I AM
GRATEFUL
FOR

ONE

TWO

THREE

TODAY I AM
GRATEFUL
FOR

ONE

TWO

THREE

TODAY I AM
GRATEFUL
FOR

ONE

TWO

THREE

TODAY I AM
GRATEFUL
FOR

ONE

TWO

THREE

TODAY I AM
GRATEFUL
FOR

ONE

TWO

THREE

TODAY I AM
GRATEFUL
FOR

ONE

TWO

THREE

TODAY I AM
GRATEFUL
FOR

ONE

TWO

THREE

TODAY I AM
GRATEFUL
FOR

ONE

TWO

THREE

TODAY I AM
GRATEFUL
FOR

ONE

TWO

THREE

TODAY I AM
GRATEFUL
FOR

ONE

TWO

THREE

TODAY I AM
GRATEFUL
FOR

ONE

TWO

THREE

TODAY I AM
GRATEFUL
FOR

ONE

TWO

THREE

TODAY I AM
GRATEFUL
FOR

ONE

TWO

THREE

TODAY I AM
GRATEFUL
FOR

ONE

TWO

THREE

TODAY I AM
GRATEFUL
FOR

ONE

TWO

THREE

TODAY I AM
GRATEFUL
FOR

ONE

TWO

THREE

TODAY I AM
GRATEFUL
FOR

ONE

TWO

THREE

TODAY I AM
GRATEFUL
FOR

ONE

TWO

THREE

DATE   /   /

TODAY I AM
GRATEFUL
FOR

ONE

TWO

THREE

TODAY I AM
GRATEFUL
FOR

ONE

TWO

THREE

TODAY I AM
GRATEFUL
FOR

ONE

TWO

THREE

TODAY I AM
GRATEFUL
FOR

ONE

TWO

THREE

TODAY I AM
GRATEFUL
FOR

ONE

TWO

THREE

TODAY I AM
GRATEFUL
FOR

ONE

TWO

THREE

DEAR

THANK YOU

FOR

DEAR

THANK YOU

FOR

DEAR

THANK YOU

FOR

DEAR

THANK YOU

FOR

DEAR

THANK YOU

FOR

DEAR

THANK YOU

FOR

DEAR

THANK YOU

FOR

DEAR

THANK YOU

FOR

DEAR

THANK YOU

FOR

DEAR

THANK YOU

FOR

DEAR

THANK YOU

FOR

DEAR

THANK YOU

FOR

DEAR

THANK YOU

FOR

DEAR

THANK YOU

FOR

DEAR

THANK YOU

FOR

DEAR

THANK YOU

FOR

DEAR

THANK YOU

FOR

DEAR

THANK YOU

FOR

DEAR

THANK YOU

FOR

DEAR

THANK YOU

FOR